산해山海 시인의

시의 향기와 노래

산해山海 시인의

시의 향기와 소래

권 오 규 시집

도서출판 천우

● 시인의 말

남은 삶을 시인으로 살아가는 것은 문향의 고장에서 태어난 나는 무엇보다도 기쁘다.

지난날 20대의 어렵고 힘든 구두닦이와 자동차 교습소에서의 S코스와 T코스에서 실기 교사를 하고, 35세가 훌쩍 넘은 나이에 유학을 떠나 일본에서 신문 부수가 가장 많은 아사히朝日 신문사와 계약을 하여 신문 배달을 하면서 유학 생활은 시작되었다. 무엇보다도 일본 학회에 가장 많은 논문 발표와 지도교수의 추천으로 일본에서 한국인으로서는 처음으로 일본 국립대학 대학원 박사학위 수료생 대표로 선정되어 학위수여식의 답사까지 하게 되는 영광을 얻게 되었다.

지난날의 어렵고 힘든 생활 속에서도 초등학교 5학년부터 지금까지 60여 년을 써온 일기와 메모 속의 내용이 시가 되었다. 특히 20대와 30대에 걸쳐 힘든 생활을 참고 견디어온 인내력이 시집을 완성하는데 더욱 많은 도움이 되었다.

산해山海 시인의 시집은 남은 생활은 88 하게 살아간다는 의미로 88편을 수록하였다. 시의 80%는 20대 초반의 군대 시절과 고등학교 때의 일기장과 메모장에 기록된 내용들이다.

끝으로 시집을 발간하는 기쁨을 묵묵하게 내조해온 집사람과 40세가 넘어서 난 아들 민성이와 딸 은지, 박사학위 취득 10일을 남겨두고 타계하신 아버지 그리고 어머니에게 이 기쁨을 전하고 싶다. 또한 형제자매, 일가친척, 지인들 그리고 지금도 내 가까이에 있는 제자 손지영 박사에게도 감사의 인사를 전한다.

아울러 부족한 저의 시를 추천해 주신 분들에게 진심으로 감사를 드립니다.

앞으로의 시간은 시와 결혼을 하여 모든 이에게 정신적으로 육체적으로도 치유가 되는 좋은 시로 보답하겠습니다.

감사합니다.

2023년 5월

상주 숲속힐링도서관에서

산해山海 권오규權五圭

제1부

시의 노래

● 시인의 말

시의 노래 _ 13
4계절의 향기와 노래 _ 14
가장 아름다운 이름 _ 15
미완성 박사학위 논문 _ 16
고향 산하山河 _ 18
아버지의 웃음과 한숨 그리고 눈물 _ 19
어머니 생각 _ 20
효행은 인성증명서 _ 21
책은 인생의 멘토 _ 22
한마음이 되어야 _ 23
어머니처럼 살다 가세요 _ 24
효도와 공부 _ 25
자기를 이기는 자 _ 26
아버지와 어머니의 기도 _ 27
인격 함양 _ 28
독도 갈매기 _ 30
휴전선을 나는 새들아 _ 31
24시간의 평등 _ 32
시인詩人의 노래 · 1 _ 33
시인詩人의 노래 · 2 _ 34
내 인생의 걸림돌은 나 _ 35
구름 위는 언제나 맑음 _ 36

제2부

우리

우리 _ 39
나라사랑 조국祖國사랑 _ 40
천국과 지옥 _ 41
일기장의 메아리 _ 42
땅끝마을의 외침 _ 44
나약해지면 안돼 _ 45
효행상의 힘 _ 46
나의 스승 _ 47
성공의 조각 _ 48
사랑의 노래 _ 49
묵상默想 _ 50
시詩는 몸으로 쓴다 _ 51
거지와 교수 _ 52
고향 가는 열차표 _ 53
성공은 _ 54
인생 _ 55
천사의 마음 _ 56
삼이오(3/25) _ 57
합의合議 _ 58
과녁 _ 59
시간의 중요함 _ 60
열정熱情 _ 61

제3부

메모

메모 __ 65
어린 날의 꿈 __ 66
소유所有 __ 67
시작始作은 봄 __ 68
막지 못하는 힘 __ 69
시詩가 책冊이 되기까지 __ 70
민족운동가가 되고 싶어서 __ 71
책 냄새가 제일 좋아요 __ 72
꽃을 심는 어머니 __ 74
장수마을의 도서관 __ 75
나의 길 __ 76
사람을 기다리는 숲 __ 77
각설이 웃음과 눈물 __ 78
독서讀書 __ 79
실수를 두려워 말라 __ 80
매미와 하루살이 __ 81
3심心 __ 82
귀티 나는 매력魅力 __ 83
나는 나를 지키는 보초병 __ 84
정치 선진국 __ 85
세계인은 하나가 되어야 __ 86
아름다운 길 __ 88

제4부

노인예찬

노인老人예찬 __ 91
숲속힐링도서관 __ 92
시인의 생각 __ 93
자기를 지키는 사람 __ 94
정情을 심자 __ 95
생각의 작품作品을 만든다 __ 96
아버지를 좋아하는 사람을 찾아 __ 97
외로움과 괴로움이 시詩가 된다 __ 98
동생 자야에게 __ 99
노인이 사랑을 하면 __ 100
외할머니의 자장가 __ 101
친구 홍규와 기종 __ 102
연날리기 __ 104
노력의 씨앗은 __ 105
행동 __ 106
여與와 야野 __ 107
사람의 향기 __ 108
우담바라 작가 남지심 __ 109
칼집 속에 있는 칼이 더 무섭다 __ 110
외국에서 받은 감사장 __ 111
지혜智惠로움 __ 112
톨스토이의 문답 __ 113

● 해설 박영교(시인 · 한국문인협회 이사) __ 114
● 축사 김천우(시인 · 문학평론가 · (사)세계문인협회 이사장) __ 142

제1부

시의 노래

시의 노래

어린이에게는
생각과 상상이 노래로

청년들에게는
삶의 방향과 철학이 노래로

장년들에게는
자신의 깊은 인생이 노래로

안을 뒤집으면 밖이 되듯이
동전을 던지면 앞이 아니면 뒷면이 나오듯
옷의 안은 나를 위해 있고
옷의 밖은 남을 위해 있다는 말이 있지 않는가?

4계절의 향기와 노래

봄을 좋아하는 친구처럼
마음이 깨끗한 향기가 있다

여름을 좋아하는 아버지처럼
시원한 강한 향기가 있다

가을을 좋아하는 시인詩人처럼
마음이 깊은 향기가 있다

겨울을 좋아하는 어머니처럼
뜨거운 향기는 노래가 된다

4계절은 향기가 있고 노래가 있다

가장 아름다운 이름

빛바랜 스냅사진 같은 성긴 날들이
시간의 오르막길을 걷는다
그리움에 얼마나 젖어야 하는 걸까?

눈물이 아름다울 수만은 없다는 것을
몰래 감추시던 당신의 눈물을 보고서야
깨달았습니다

늘어만 가는 주름살 깊이도
골짜기처럼 타고 내리던 눈물도
당신의 사랑에 비하면 한없이 작습니다

당신이 흘린 눈물과 당신의 주름살을
이제는 당신의 버팀목이 되어 보듬어드리겠습니다

어머니!
이젠 아들 앞에서 우셔도 됩니다
이 세상에 오직 하나
가장 아름다운 당신입니다

미완성 박사학위 논문

수화기 너머 들려온
청천벽력 같은 아버지의 타계 소식
내 꿈이 하늘이 무너져 내렸다

말씀은 없으셨지만 아버지의 꿈은
자식 중에 면서기 한 명만이라도
나오길 기대하셨다

아버지의 꿈보다 더 높은 꿈을 향해
바다 건너 일본 유학길에 올랐지만
연락도 없이 먼 길을 홀로 가셨다

아버지 관 위에 올려놓은
미완성 박사학위 논문

하나뿐인 나의 하늘 나의 꿈은
그렇게 땅속 깊이 영면에 드셨다

비석에 새겨진 함자만 남기시고
눈앞에 일렁이는 그리움이 되셨다

아버지,
가슴으로 불러본다
숨죽여 흐느낀다

고향 산하山河

눈을 감아도
눈을 떠도 아련하게
떠오르는 고향 산하

어린 시절에도　지금도
겹겹이 흘러 꿈속에서도
떠오르는 고향 산하

그리운 부모 형제 같은
그리운 동무처럼
떠오르는 고향 산하

아버지의 웃음과 한숨 그리고 눈물

이른 아침 나뭇짐 내리시며
젖은 땀 채 가시기도 전에
힘든 기색 하나 없이 웃으신다

널따란 나락 논에 세워 놓은
외로운 허수아비의 옷깃을 스쳐가는
바람소리와 함께 큰 한숨을 지으신다

온갖 시련 모든 아픔을
행여나 자식들이 알까 봐
뒤 처마 끝에 서서 희뿌연 담배연기에 실어
눈물짓는다

나는 이제야 알 것만 같다
지난날의 내 아버지의 웃음과
큰 한숨 그리고 눈물을
말하지 않아도
묻지 않아도
그 의미를 아버지가 되어서야 알 것만 같다

어머니 생각

아침 해가 뜬다
아내의 밥 짓는 소리는
어머니의 목소리처럼 내 귀를 스친다
"일어나라" 오늘 문득 그 목소리가 그립다

진수성찬 차려놓고 많이 먹어라 반기시는
친구의 어머니 모습에 내 어머니의 모습이 생각난다
"많이 먹어라" 오늘 문득 그 목소리가 그립다

해가 저물어 간다
내 아들놈이 흙투성이 되어 놀고 있는 모습 끝에
귓가를 스치는 어머니 목소리가 들린다
"집으로 오너라" 오늘 문득 그 목소리가 그립다

바람에 실려 목소리는 어느새 가고
흙투성이 꼬마가 아닌 나이 든 내가 서 있다
그 옛날의 어린 시절을 회상하니
내 어머니가 사무치게 그립다

효행은 인성증명서

인성교육의 핵심은
마음속에서 생기는 효라고 생각한다

사람이 태어나서
제일 처음 만남은 바로 부모이다

가족의 구성원 안에서
세상을 바르게 살아가는
필요한 모든 일을 배우고 익히는 곳

가족 공동체 안에서
형제자매와 사이좋게 지내야 하는
의식과 가치를 여기에서 처음 배운다

세상살이에 시작이
효의 범주에 있어
효행은 인성증명서라고
나는 신문 칼럼에 연재連載하고 있다

책은 인생의 멘토

사람이 훌륭한 책을 써 만들고
만든 책은 뜻 깊은 사람을 만든다

책은 돈도 만들고
건강도 일궈내고
사랑도 그려낸다

책은 인간을 만드는 치료약이고
책은 우리의 행복을 만드는 발전소이다

책은 인간의 삶을 안내하고
성공으로 이끌어 가는 멘토이다

한마음이 되어야

가족의 구성원들은
한마음으로 살아가야 한다

학교에서는 학생과 선생님이
한마음이 되어 살아가고

종교지도자는
신자들과 한마음이 되고
정치인들도 때로는 여야與野가
하나가 되어야 살기 좋은 나라가 된다

남과 북이 한마음이 돼야 통일이 되고
해외동포도 한마음으로 살아갈 수 있다

글로벌 시대에 살기 위해서는
세계인이 한마음이 되어
천둥번개와 함께
간절한 세상을 만들어가야 한다

어머니처럼 살다 가세요

자식들을 위해
당신의 모든 것을 내려놓고
살다 가신 어머니처럼 살다 가세요

언제나 많이 먹었다 하시면서
밥과 맛있는 모든 반찬들
자식 앞에 미뤄주면서
허리띠 졸라매고
살다 가신 어머니처럼 살다 가세요

하나님 혼자서는
세상일을 돌보지 못할 것 같아
이 세상에 어머니를 보냈다는
말과 글을 믿고 어머니처럼 살다 가세요.

효도와 공부

효도는 당장 하여야 한다
공부도 즉시 하여야 한다

세상만사 모든 일은
많은 생각을 하고
순서에 맞게 행동하여야 한다

생명이 있는 모든 생명체는
생각을 한다고 하지만

생각에 머물러서는 안 되는 것은
효도와 공부
즉시 행하여도 무방하다

자기를 이기는 자

나이가 나이를 막지 못하고
또 나이를 먹듯이
시간이 시간을 막지 못하고
또 시간이 흐른다.

세월이 세월을 막지 못하고
또 세월이 흐르듯이
계절이 계절을 막지 못하고
또 계절이 바뀌고 있다.

내 마음 내 마음을 지키고
내가 나를 이기면 성공이다.

아버지와 어머니의 기도

아버지 기도는 깊은 침묵이다

아버지는 자식들이 들을까 봐
뒤 처마 끝에 홀로 서서
소리 없는 눈물의 기도이다

어머니는 자식들이 건강하게
잘 자라주기만을 애원하는
곡조 높은 목소리가 들리는 기도

어머니는 여느 때와 같이
오늘도 장독대 위에
정한수 올려놓고 흐느끼며
기도하는 소리 귓가에 들린다.

인격 함양

우리 모두가 함께 살아가기 위하여
자기 자신의 부족함을 깨닫고
자나 깨나 인격을 다듬어야 한다.

높은 것 같지만 낮은 것은 교양教養이고
낮은 것 같지만 높은 것은 품위品位이고
깊은 것 같지만 얕은 것은 지식知識이고
얕은 것 같지만 깊은 것은 욕심欲心이고
두터운 것 같지만 얇은 것은 인정人情이고
얇은 것 같지만 두터운 것은 철면피鐵面皮이고
강한 것 같지만 약한 것은 끈기이다.

약한 것 같지만 강한 것은 자아自我이고
많은 것 같지만 적은 것은 분별력分別力이고
적은 것 같지만 많은 것은 헛됨이고
잊어서는 안 되는 것은 헤아림이고
버려서는 안 되는 것은 도리道理이고
사람에게 주지 않으면 안 되는 것은 인정人情이다.

반복해서 안 되는 것은 과실過失이고
통하지 않으면 안 되는 것은 고집固執이고
웃어서는 안 되는 것은 남의 실패失敗이고
들어서는 안 되는 것은 남의 비밀秘密이고
돈으로 살 수 없는 것은 신용信用이니라.

독도 갈매기

오늘도 여느 때처럼
독도는 우리 땅이라고
갈매기는 외치고 있다

울릉도를 향해서

일본을 향해서

세상을 향해서

찾아오는 사람들을 향해서
끼룩끼룩, 우리 땅 우리 땅
갈매기는 목이 터진다

휴전선을 나는 새들아

오늘 남북한 휴전선 위를 나는 새들은
남과 북에 사는 사회지도층을 향해
울부짖고 있다

땅을 지키는 것도 중요하지만
마음을 지키는 것이 더 중요하다고

오늘도 인간들이 만들어 놓은 휴전선
남과 북을 서로 넘나들지 못하고
우리들이 묻어놓은 지뢰를 밟고
하루에도 수십 마리 야생동물까지 죽어간다

남과 북을 나는 새들은
울부짖고 있다
외치고 있다

24시간의 평등

누구에게나
주어진 24시간이다

죄를 짓고 감옥에 있는 죄수들도
죄인을 수사하는 경찰관들도
24시간을 살고 있다

병원에서 치료받고 있는 환자들도
환자를 치료하는 의사들도
24시간을 살고 있다

수업을 받고 있는 학생들도
함께 가르치는 선생들도
24시간 속에서 살고 있다

누구에게나 하루가
24시간의 평등함을 알게 된다

시인詩人의 노래 · 1

오늘도 산해山海 시인은 여느 때처럼
산을 오르며
인간은 과거를 먹고 살아간다고
노래하고 있다

바다를 바라보며
인간은 현실과 싸움하는 모습으로 살아간다고
노래를 한다

하늘을 쳐다보며
인간은 미래를 먹고 살아간다고
노래하고 있다

시인詩人의 노래 · 2

산해山海 시인은
오늘도 세상을 살아가면서

한 번 입을 뗄 때는
세 번 생각하고

한 번 행동할 때도
세 번 이상 생각하고

본인과의 화합과
가족 간의 화합
사람들과의 인화人和에도 필요하다

더 큰 소리로
권력과 재물과 성욕性欲
이 3욕을 조심하라고
산해山海 시인은 노래한다

내 인생의 걸림돌은 나

내 마음을 지켜낸다는 것
내 것이지만
내 마음대로 할 수 없는 것이다

내 인생은
내 마음과 투쟁을 하면서
화해하는 긴 여정이 길다

내 공부는
내 마음을 나다운 것으로
채우기 위한 내공의 과정이다

내 인생의 걸림돌은
언제나 나 자신이다

구름 위는 언제나 맑음

구름 위는 언제나 맑다
책 속 선생님 말씀은
훌륭하지만 실감하지는 못했다

구름 위는 언제나 맑다는 것
국제선 비행기를 타면서 알았다
그날따라 비행기는 구름 위를 날고
창밖의 아름다운 구름은 천국이었다

천사들이 구름 속에서 나올 것만 같아
눈이 빠져라 바라보고 있었지만
끝내 천사들은 나타나지 않았다

창밖 아름다운 구름은 잊을 수 없다
맑고 아름다운 구름을 보기 위해
국제선 비행기 탑승 위한 노력 끝이 없다

제2부

우리

우리

우리는
너와 나를 합친 것이며
너희들도 합쳐진 것이다

여당과 야당도 합쳐진 것
남과 북도 합쳐진 것이다

750만 해외동포도 포함한 것이며
세계인구 78억 명도 우리라고 한다

나라사랑 조국祖國사랑

나라사랑은
국가國家 사랑이다

조국사랑은
조상 때부터의 나라사랑이다

나라사랑이 무엇인지
조국사랑이 무엇인지
모르고 떠들고 있는
여與와 야野에 속해있는 정치인들아
국민들 생각을 알기 위해
더 많은 공부를 하라

북풍 타고 오는 바람이 외치는 소리
조국을 떠나 살고 있는 750만 동포가
울부짖는 소리
그들이 외치는 소리를 들었는가?

나라 잃고
조국 잃고
후회하지 말라고 애원하는 그 소리

천국과 지옥

오늘도
살아있는 숲을 보면서
어린 나무를 그리고
어린 나무를 보고 숲을 그린다

살아있는 사람을 보고
죽은 자를 그리고
죽은 자를 보고
살아생전의 모습을 그린다

천국을 생각하고
지옥을 그리고
지옥을 생각하고
천국을 그린다

천국과 지옥
인간들이 만들어 놓은
저 세상에 있는 것 아니고
인간 세상 안에 존재한다

일기장의 메아리

오늘도
여느 날처럼 일기를 쓴다

오늘에 있었던
수많은 일들을
적게는 열 줄
많게는 스무 줄
자신을 반성도 한다

오늘따라
일기는 더 짧아지고
반성도 대충 쓰고 덮는
그 순간 일기장은 메아리치고
내 자신에게 울부짖는다

너의 일기는
너의 것이고
너의 역사이다

너의 일기장은
너의 반성이고
너의 기록이다

일기장은 외치고 있다
더 똑똑하게 쓰고
더 깊게 반성하라 메아리친다

땅끝마을의 외침

우리나라
남과 북의 최남단 땅 끝 마을
여기까지라고 외치고 있다

살아생전
아버지 어머님을 모시고 와서
님의 손을 꼭 잡고
우리나라 땅 끝 마을이
여기까지라고
알려드리고 싶었다.

365일 땅 끝 마을을
지키고 있는 전망대는
찾아오는 내방객을 향해
외로운 나를 자주 찾아오라고 한다

나약해지면 안돼

사람들은 누구나가
나이 들면서 나약해지기 시작한다

눈을 뜨고 보면 가까운 것도
멀리 있는 것도 잘 보이지 않아
아들을 부르고
손자손녀들을 부른다

내 어린 시절
환갑 진갑 지낸 할아버지 할머니가
나이 들어 눈을 감으면
온 세상이 더 멀리 있는 것이
더 밝게 보인다고 하였다

오늘도 눈을 감으니
밤하늘 반짝이는 별들이 보이고
속삭이는 소리까지 들린다는 것을
나 또한 칠십이 넘어서 알게 되었다

효행상의 힘

효행대상을 받고 보니
너무 부끄러웠다
더욱 더 미안했다

효행대상을 받은 가수 현숙은
국토의 동서남북을 구분 없이
효는 몸소 실행하는 것이라고 외친다

효행대상을 받은 기상캐스터 이익선은
우리 하늘의 구름 위는 언제나 맑다고 전하며
효의 전도사로 역할을 다하고 있다

효행대상을 받은 가수 현숙
기상캐스터 이익선
대학교수인 권오규는
오늘도 효는 가르치는 것이 아니고
몸소 행하는 것이라고
효행의 빛바랜 곳을 찾아다니며 외친다

나의 스승

반짝이는 짧은 머리
열정 가득한 눈빛

바람을 가르며 오셨을 때에는
세상의 단 한 분뿐인 스승

뜰아래 서 있는 나에게
화사한 마음을 주셨습니다

장난 같은 세월의 흐름 속에
남몰래 사모하던 애인처럼

아름다운 이 봄날 다 지나도
속으로 존경하고 사랑하는 마음은
밝힐 수가 없습니다

꿈은 생각을 끌고 가는 밤이 되면
첫사랑을 만나듯 더욱 설렙니다

성공의 조각

성공의 시작은 매일 쓰고 기록하는
일기와 메모의 힘이다

메모를 좋아하셨던 아버지 덕분에
초등 5학년 때부터 일기와 메모를 시작했다

고등학생이 되어서는
책을 접할 기회는 학교 도서관이었다

성공의 시작은 군대생활 3년 동안
게을리하지 않았고 매일 책을 읽고
감명 깊은 내용은 빠짐없이
메모장과 일기장에 기록하는 습관이었다

오랜 세월이 지나서 일기장 메모장 속에는
꿈꾸는 소년이 있었고
한 가정에 가장이 있었고
제자들을 사랑으로 가르치는 교수가 되어 있었다

사랑의 노래

혼자 있어도 외롭지 않아요
힘든 일을 하여도 힘들지 않아요
잠이 오지 않아도 마음이 편안해요

외롭지 않고
힘들지 않고
마음이 편안한 것은
사랑의 힘이래요

추운 겨울에도
강 건너 행복한 가정이 보이고
추운 겨울이 끝나면
따뜻한 봄이 보이는 것은
사랑의 힘이래요

묵상默想

어린 시절
가난한 소작인 자식으로 태어나
어려운 환경 속에서
성인이 되면 어떠할까 하고
침잠에 잠길 때가 많았다

묵상에서 깨어나면 한참 동안
얼마나 깊은 기도를 하였는지
앉을 힘조차 없었고
걸을 힘도 없었다

하늘을 바라보니
아름다운 뭉게구름과
깨끗한 하늘이 펼쳐져 있었다
내가 서 있는 발은
낡고 너덜한 신발이었다
신발 옆 땅에는 제비꽃이 아름답게 피어
나를 반긴다

시詩는 몸으로 쓴다

시인은
깊은 생각을 글로
시를 만들어 낸다

시인들은
먼저 눈으로 받아들여
머리 속에서 수십 번
짙은 생각으로
넓은 마음으로
한 몸이 되어 시를 그려 낸다

거지와 교수

거지와 교수는 닮은 것이 있다

일어나는 시간이 일정하지 않다

먹고 살아가기 위해
거지는 깡통을 들고 있고
교수는 낡은 가방을 들고 있다

거지는
적게 준다고, 맛이 없다고 한다
교수는
살 만큼이나 주었는데도
부족하다고 투덜거린다고 한다

거지와 교수는
얻어먹고도 만족하지 않는 것이 닮았다

고향 가는 열차표

고등학교 시절부터
지금까지 고향 가는 열차표를
가슴속에 품고 살아왔다

슬플 때나
괴로울 때나
기쁠 때나 한결같이

고향 가는 열차표를 만지작거리며
온갖 어려움과 역경을 참고 견디며
포기하지 않고 불굴의 정신으로
힘든 시간을 견디며 살아가고 있다

성공은

시작한 일은
포기하지 않고
끝까지 도전을 한다

게으름이 잘 자라고
서식하고 있는 잠을
4시간 이상 자지 않는데요

매일매일 하는 일에 대해서는
하루도 빠지지 않고
메모를 하고
일기를 쓰면서 반성을 한다

인생

지금까지 살아온
내 삶처럼
빨리 빨리 빠른 속도로
살아가는 것이 아니라네요

인생살이는
어떻게 어느 쪽으로
살아가야 하는지는
넓은 바다 위를 항해하는 배처럼
방향이 중요하다고 하네요

천사의 마음

밤낮없이
죽을 때까지
자식을 사랑하는 마음
그것이 어머니 마음이지요

남의 자식까지 사랑하고
세계인의 자식까지
변함없이 사랑하는 마음
그것이 천사의 마음이지요

사랑하는 마음은
하나님의 마음을 닮은 마음이지요

삼이오(3/25)

삼이오는 어머님의 자궁 속에서
태어난 날이다

어머니 배 속에서
성장하는 적합한 온도와 습도에서
좋은 환경 속 아주 편안하게
매우 행복하고 행복하게
10개월 동안 살다가 태어난 날이다

지금은
매년 삼이오의 날이 되면
Happy Birthday to you가
먼저 들리고
이어서 당신 생일을 축하합니다가
들리는 날이다

합의合議

삶은 하늘이 준 것이고
행복은 삶 속에서
내가 만들고
내가 나와 함께 만들어가는 것이다

천국도
지옥도
삶 속에서 인간이 만들고
내가 나와 함께 만들어가는 것이다

성경말씀에서도
천국은
너의 마음속에 있다고 한다

과녁

엊그제도 북한은
우리가 살고 있는 땅을 향해
대포를 쏘고
미사일도 쐈다

북한에 살고 있는 지도자들도
군인들은 같은 민족이라는 것을
모르고 있는가?
모르는가?

과녁은
총과 활 그리고 대포와
미사일 따위를 목표로 삼는 것을
과녁이라 하는 것을
모르고 있는가?
알고도 쏘는가?

시간의 중요함

시간의 힘을 알면
하루를 헛되게 소비하지 않는다

시간의 중요함을 알면
우리 모두가 성공한다

시간의 공평함은
누구에게나 평등한 24시간

열정熱情

열정은
마지막 일이라고 생각하고
열정적으로 임하여야 한다

언제나 유머스럽게
갈고 닦으며
맡겨진 공부를 해야 한다

언제나 밝은 마음으로
살아가야 한다

언제나 웃을 수 있는
화제로 웃음을 만들면서
살아가야 한다

제3부

메모

메모

메모는 최고의 증명서이다
메모는 영원히 살아 숨쉰다

새로운 지식, 가치를 창조하기도 하고
성공적인 인생 목표를 이루어 가는데
필요한 씨앗이다

메모하는 손은
제2의 뇌이며 밖에 나와 있는
머리가 맑은 초등학생 기억보다
강한 것이 메모이다

성공한 옛 선인들은 메모광이고 예찬론자이다
창의적인 메모는 성공적으로 가는 지름길이고
손이 부지런하여 메모하는 사람은
자신을 관리하기 위한 보약과 같다

어린 날의 꿈

지난 어린 날의 꿈이
메모장에서 발견되었다

한 마당 한 지붕 아래
1층에는 아버지와 어머니가
넓게 사용하고

2층에는
나의 방이 있고
형의 방이 있고
동생들의 방도 있다

3층에는
고종사촌들의 방이 있고
이종사촌들의 방이 있고
외사촌들의 방이 있다

한 지붕 아래에서
자주 만나 행복하게
살아가는 것이
어린 날의 꿈이었다

소유所有

초등학교 5학년부터 써 온
일기장과 메모장

나태와 게으름이 서식 못하는
잠이 없는 몸

많은 책들을 읽어서 얻은
다양한 지식, 아이디어와 유머

온갖 고난을 견뎌 오면서 얻은
불굴의 정신

책 냄새가 좋아서
40년 이상 걸려서 모아놓은
12만 권의 책

54년 만에 이룬
"아버지 꿈 가슴에 안고
내 인생 내 지게에 지고"
죽어서도 가슴에 안고 갈
자서전을 소유하고 있다

시작始作은 봄

4계절이 변하는 전쟁이 일어나도
한 번도 바뀐 적이 없다

봄 다음에는
반드시 여름이 오면서
봄을 보낸다

가을이 붙어 있는 듯
가을이 오면서 여름은 간다
1년의 마지막 계절인
겨울이 와서 가을을 보낸다

4계절이 변함은
세계전쟁이 일어나서도
오지 않거나 바뀐 적이
한 번도 없다

막지 못하는 힘

시간이
시간을 막지 못하고
시간은 흐른다

나이가
나이를 막지 못하고
나이는 먹는다

계절이
계절을 막지 못하고
계절은 바뀐다

세월이
세월을 막지 못하고
세월은 흐른다

사람의 힘으로 막지 못하는 것
시간 · 나이 · 계절 · 세월

시詩가 책冊이 되기까지

시가 책이 되려면
1 더 많이 공부를 하여야 하고

2 더 깊게 생각하고
3 더 높게 날아야 하고

4 더 멀리 바라보아야 하고
5 더 많은 경험을 하여야 하고

6 더 부지런하여야 하고
7 더 인내로 시가 되고 책이 된다

민족운동가가 되고 싶어서

20세기 벽두 애국계몽에 이어
침략한 항일투쟁
반反분단 통일운동
반半 독재 민주투쟁을 하면서
독립운동하신 분들이 많다

25년 동안 독립운동가들을 위한
오페라를 창작하는
로얄오페라단의 추진위원과
고문으로 참여하여 활동을 열심히 하고 있다

로얄오페라 단원들 전국을 순회공연 하며
애국애족의 민족정신을 부활시키고
독립운동가들을 향해
고개 숙여 경례를 한다

내 인생관과 애국심을 바탕으로
민족문화를 상징하는 독도를 사랑하고
실천하는 민족운동가가 되어
우리나라를 문화대국으로 만드는
민족운동가 역할을 하고 싶다

책 냄새가 제일 좋아요

어릴 적부터 책을 좋아하셨던
아버지 덕분에 책 냄새를 맡았고
책 냄새를 싫어하지 않았다

책을 좋아하고 책 냄새를 맡고 사셨던
조선 중기의 대학자인 퇴계 선생

18년 동안 강진에서 유배 생활하는 동안
500여 권의 방대한 책을 저술하신
다산 선생

조선 후기의 연암 박지원 선생

가난한 집에서 태어나 근면함과 성실함으로
최고의 경지에 도달하고
미국 사회의 미래상을 제시한
벤자민 프랭클린

바람둥이로 알려져 있는 카사노바

일본 최대의 기업인 소프트웨어 손정의

책을 좋아하고 독서를 통해
망가진 자신을 바로 잡은 오프라 윈프리
깨어있는 시간 중 1/3 이상을
책을 읽는데 투자한 워렌 버핏

책 냄새가 좋아 책을 가까이한
그분들을 향해 고개 숙이고 있다

책을 좋아하고 글쓰기를 좋아한 아버지에게도
책 냄새가 제일 좋다고 외치고 있다

꽃을 심는 어머니

어머니는 꽃이 좋아 꽃을 심는다

젊디젊은 자식들도
싫어하는 비탈진 논둑과 밭둑에
한 줌밖에 안 되는
허리띠를 졸라매고 꽃을 심는다

다른 할 일도 많이 있는데도
자식들에게 보여주기 위해
굽은 허리 굽혀 꽃을 심는다

어머니는
아름다운 꽃이 피는 모습을 상상하며
힘든 기색 하나 없이 꽃을 심는다

장수마을의 도서관

책 속에 삶의 길이 있다
즐거움도 있고 행복도 있다
성공으로 가는 길도 있다

일본에서도
노인들은 독서 생활을 즐기며
세대와의 교류를 활발하게 하여
생각까지 넓혀져 수명까지 길어졌다

장수하는 마을에는
지식과 생각까지 넓혀지고
살아 숨 쉬는 책이 도서관에 가득하다

도서관 밖의 아름다운 숲에는
산새들이 노래 소리가
노인들의 건강을 치유하고 있다

나의 길

나의 길은 내가 만들어가는 거다

나의 내일도
부모님이
선생님이
만들어 주는 것이 아니고
오늘 내가 내일을 만들어야 한다

나에게 대해서는
때로는 자신에게 물으면서
나의 길은 내가 만드는 것이니
나의 앞날은 오직 내가 알 뿐이다

사람을 기다리는 숲

숲은 오늘도
사람을 기다리고 있다

사람과 사람 사이
서로가 알게 모르게 구분을 하지만
숲은 구분하지 않고 사람을 맞는다

숲을 찾고
꽃과 풀을 좋아하는 사람들
마음도 몸도 건강하며
즐겁게 행복하게 살아간다

숲은 사람을 항상 예의 바르게
그 자리에서 기다리게 하고 있다

각설이 웃음과 눈물

길거리에서 많은 사람들에게
웃음을 주고
즐거움을 주는
각설이 웃음 뒤에는 눈물이 있다

더 많은 사람들에게
더 많은 웃음을 주는

그 각설이는
더 가슴 아픈 사연들이 있고
더 많은 슬픔과
더 많은 눈물이 있다

독서讀書

우리 모두는
독서가 필요한 시대에 살고 있다

한 권의 책 속에는
사람의 삶이 있고 길이 있다

독서가
우리의 삶을 풍요롭게 만들고

독서가
우리의 온갖 체험과 깨달음을 준다

실수를 두려워 말라

어른들이 세상을 살아가면서
실수를 더 많이 한다

세상이
젊은이들보다 더 많이 보이니까
젊은이들보다는 욕심이 더 많으니까

젊은이들이여
아무 일도 일어나지 않았다는 것에
머물러 있지 말고

젊은이들이여
실수를 두려워하지 말고
도전을 두려워하지 말고
절대로 포기는 하지 말라

매미와 하루살이

매미는
땅 속에서
유충으로 10년 동안 살다가
서글퍼서 운다고 한다

매미가
울고 있는지
웃고 있는지
노래를 하고 있는지는 모른다

하루살이는
하루밖에 살지 못해서
여기저기를 돌아다닌다

살아 있음으로
그들은 즐거움을 누리는 것일까?

3심心

감사한 마음은
불행을 막는 길이요

고마운 마음은
행복을 만드는 길이요

사랑하는 마음은
아름다운 세상을 만드는 길이다

귀티 나는 매력魅力

귀티 나는 사람은
어떤 일이 있어도
자기 소신을 분명히 한다

매사에
책임지는 일을 한다

주위에 사람과는 달리
유행에는 민감하지 않다

복잡한 문제도
의견을 간략하게 좁힌다

남의
험담과 뒷담을 멀리하고
소통과 칭찬을 게을리하지 않는다

나는 나를 지키는 보초병

나는 나를 지키는 보초병이다

어릴 적부터 나는 나를
지독하게
엄하게
나를 꾸짖었을 때가 많았다

잘못을 하였을 때는
회초리로 나는 나를
아프게 때리기도 하였다

외롭고
쓸쓸할 때는
나는 나와 대화를 하였다

지난날
힘든 나날들을
나는 나를 지키는 보초병이었다

정치 선진국

정치 선진국이 되려면
올바른 좌파가 있어야 한다

올바른 우파가 있어야 한다

올바른 중도가 있어야 한다

국민 모두는 올바른
좌파 · 우파 · 중도를 원한다

세계인은 하나가 되어야

어느 날 예고 없이
찾아온 코로나19 바이러스가
세계인 630만 명의 목숨을
앗아갔다

지구촌에 살고 있는 80억 명을
3년 동안이나 멋대로
사회적 거리를 두게 하고
만나지도 못하도록 하고 있다

코로나로 인하여 죽은 분들이
합창하여 지구촌에 살고 있는
우리들에게 울부짖고 있다

손발과 몸을 깨끗하게 하고
마스크를 착용하라고 외치고 있다

거듭 거듭 소리 높여
세계인은 하나가 되어야
퇴치할 수 있다고
울부짖고 있다
외치고 있다

아름다운 길

사랑만큼 아름다운 길은 없다

사랑을 해서 가는 길은
모든 길이 아름다운 길
아름다움으로 가득한 길이다

사랑만큼 쉬운 길은 없다
아이들은 먼저 그 길을 택한다

방금 만난
두 청춘 남녀가 사랑에 빠져
아름다운 길을 걷는다

제4부

노인예찬

노인老人 예찬

오늘도 노인
한 사람의 죽음을 알리고 있다
한 노인의 죽음은
살아생전 체험한 많은 지식
대형도서관이 사라짐과 같다
하루빨리
노인들과의 조화롭게 어울리면서
살아가는 세상을 만들어가자

숲속힐링도서관

숲은 우리 인간들이
속마음까지
힐링이 되는 곳이다

도서들은 지식을 넓히고
생각을 관리하여
시詩의 책冊이 되어

육체적 정신적 건강까지
치유하는 숲은
종합병원이라고
산새들도 지저귄다

시인의 생각

오늘도 용기 내어
세상은 도전하는 자의 것이라는
책 속에 있는 말을 믿고
옛 어른들의 말씀을 믿고
살아왔어요
살아가겠어요

어려운 역경에 부딪혀도
물러서지 않고
포기하지도 않겠어요

앞으로도
실수와 두려운 생각은 하지 않겠어요

자기를 지키는 사람

자기를 지키기 위해
끊임없이 자기와 대화를 하고
때로는 싸워야 한다

자기를 지키는 사람이
가족도 지키고
이웃도 지키고
나라도 지킨다

정情을 심자

정은 받는 것도 아니고
주는 것도 아니다

우리 인간은 누구나가
무한無限한 정을 가지고 있다

자기가 가지고 있는 정을 심으면
줄기도 보고
잎도 보고
꽃도 보고
열매도 보고
숲까지 보게 된다

바람도 잠재우고 새들도 날아들어
합창을 하며 집을 짓는다

생각의 작품作品을 만든다

인간만사人間萬事가 생각에서 시작된다
바른 생각이 바른 행동을 하듯이
좋은 생각이 먼저이다

우리 인간들은
생각을 많이 하지 않으면서
즉흥행동을 하는 야생동물과 같다

나라를 위해서 일한다고
큰소리치는 정치인들 모두가
국민은 없고
자기들끼리만
말잔치를 하고 있는 모습 보니
하루에도 몇 번씩 체하기도 한다

하루빨리
국민 모두 바른 생각으로
바른 세상을 만들어 가자

아버지를 좋아하는 사람을 찾아

오늘도
아버지가 살았던 고향을 방문한다

오늘도
아버지를 좋아하는 사람을 찾아
뒷동산을 올랐고
울산으로 부산으로 서울로
연인들이 빨래를 하는 냇가에도 나가
아버지를 좋아하는 사람을 찾아 나선다

꿈속에서도
생각에서도
오늘도 내일도
아버지를 좋아하고
사랑하는 사람을 찾아 고향을 간다

외로움과 괴로움이 시詩가 된다

세상 사람들아

오늘도
어려움 속에서
생활하는 젊은이들아

외롭다고
괴롭다고
마음 아파하지 말아라

외롭고 괴로운 오늘을
참고 견디면 멀지 않아
시가 되고
수필이 되고
소설이 된다

동생 자야에게

아침 6시 기상나팔 소리에 깨어났다

오늘 하루도
부모님을 생각하며
조국을 생각하며

사랑스런 여동생 미자와 윤자를 생각한다

하루에도 수십 번 충성을 외치면
열심히 군대 생활에 여념이 없다

제대하는 그날까지
오늘도 한 편의 시와 같은 내용을
일기와 메모를 남기며 안녕을 고한다

노인이 사랑을 하면

나이가 들수록 사랑을 하면

스스로 일을 하게 된다

스스로 깨끗한 생활을 하게 된다

스스로 즐거움을 안다

스스로 행복한 생활을 하게 된다

매사每事에 자신감을 갖게 된다

외할머니의 자장가

지난날 외할머니 자장가는
칠십 세가 훌쩍 넘은 나이에도
노래되어 생생하게 들려온다

많이 먹어라
부지런해라
훌륭한 사람이 되어라

그 목소리는
60년이 지난 오늘날까지도
내 마음속 깊숙이 뿌리 내려있다

친구 홍규와 기종

초등학교 친구 홍규는
가정 사정으로 4학년에 학교를 그만두었다
온갖 어려움을 탓하지 않고
60년 기나긴 세월 동안
가정의 부모 형제를 돌보고
사회적으로는 사회봉사를 하며
지금은 한 지역의 효와 우정
사랑의 실천자로서 선구자가 되어있다

기종 친구는
초등학교 때부터 우수한 학업성적을
중학교 고등학교 졸업할 때까지 지켰다
우수한 성적은 힘든 공장 생활을 시작으로 하여
70세가 훌쩍 넘은 나이까지 지키며 살고 있다

친구 홍규와 기종이 둘 다
국립대학교 교수가 된 나보다 앞서
초등학교 동기회장이 되어 동기분들에게
즐거움과 기쁨을 주고 있다

지금까지 온갖 칭송을 받으며
살아가고 있는 친구 홍규 기종이가 보고 싶어
시간 관계없이 연락을 하고 있는
지금의 나는 행복하다

언제나 좋은 말과 용기를 주는
나의 친구 홍규와 기종이가 있어
나는 오늘도 웃음을 날린다
지적 호기심은 책 속에서 나오지만
나의 즐거움은 친구로부터 나온다

연날리기

어린 시절부터 연날리기를
무척이나 좋아했다
마을에서는 제일 높은 못둑에 올라
연을 날렸다

나는 높게 나는 연을 바라보고
나는 더 높게 날기를 바라면서
나는 더 많은 생각도 하였다

지나가는 마을사람들은
높게 나는 연과 나를 쳐다보고
기뻐하며 박수를 쳐주시던
그 모습을 지금도 잊지 못한다

노력의 씨앗은

아름다운 추억을 만들려면
성공하여야 한다

지난날을 아름답게 그리려면
불굴의 정신으로 끝까지 포기하지 않는
열정과 노력이다

지난날들을
아름다운 추억으로 만들려면
성공하여야 한다

늙어서도
행복한 삶을 위해서
성공하여야
웃음의 맛과
눈물의 맛을 알게 되니까

행동

눈에 비치면
눈으로 들어오고

귀에 들리면
귀로 들어오고

눈과 귀에 들어오면
행동으로 할 수 있다

몸에 행동이 붙어있어
손과 발은 행동화한다

여與와 야野

우리나라의 여와 야는
여는 보수이고
야는 진보이다

여는 우파이고
야는 좌파이다

우파와 좌파는
모두 존재하여야 한다
우파는 오른팔이고
좌파는 왼팔이니까

극우와 극좌는
둘 다 나쁘다
국민과 함께 살아가기에는……

사람의 향기

세상에 있는 모든 꽃들은
향기가 있다

사람도 태어나면서부터
향기가 있다

세상 모든 것은
만드는 것이고
만들어가야 하는 것이다

지금부터라도 사람의 향기를 만들자

우담바라 작가 남지심

우담바라는
3천 년 만에 피는 꽃이다

수많은 시간 속의 천상의 꽃이고
우담바라는 전설적인 꽃이다

남지심 작가는
오늘도
자식들을 위해 몸부림치며
살아가는 이 세상 어머니들처럼
외롭고 힘든 생활 속에서
우담바라 작품을 완성하였을 것이다

작품을 완성한 후
독자들로부터 좋은 공감을 받고 싶은
작가다운 모습을 상상하면서 그렸을 것이다

칼집 속에 있는 칼이 더 무섭다

국민 다수가
나라를 잘 운영하라고
표를 준 것을 왜 모르고 있는가

집권하고 있는 여당
대안 없이 칼을 빼서 싸우는
여당과 야당 모두
국민들은 생각부터 바르게 하라 외친다

다시 한 번 애원한다
바른 생각과 바른 행동을 하라고
국민 모두는 원한다

외국에서 받은 감사장

긴 세월 동안
국제교류의 추진에 진력하였다
일본 · 한국 양국의 우호와
상호이해 촉진에 다대한
공언을 하였다는 내용이다

감사장에 새겨진 내용을
많은 외국인들이 모여 있는 행사장에서
대형 스피커를 통해 전달되는 순간부터
살아온 날들에 대해 감사한다

외국으로부터 감사장을 받고 나니
지난날의 삶이 헛되지 않았음을 알았고
앞으로의 삶의 방향도 그려진다

지혜智惠로움

지혜는 매사每事에 분별하는 능력이다
신중히 깊게 생각하는 능력이다

자기를 깨닫고 자기를 알고
행동하는 자세이다

진리와 이치를 알고 도리에 맞게
처세를 하는 행동이다

거울이 절대로 거짓말을 않듯이
거울과 같이 있는 그대로 나타낸다

톨스토이의 문답

톨스토이의 3가지 질문과 대답

가장 중요한 시간은
현재 이 시간이요

가장 중요한 날은
오늘이요

가장 중요한 사람은
현재 사귀고 있는 사람이다

모든 사람이 받아들이며
고개를 끄덕이듯이
나 또한 조금도 망설임 없이
톨스토이의 3가지 문답에 박수를 보낸다

효심孝心과 향수鄕愁, 자긍심自矜心의 시세계詩世界

— 권오규 시집 『시의 향기와 노래』 해설

박 영 교(시인 · 한국문인협회 이사)

시를 쓰는 시인詩人이라면 누구나 '시를 어떻게 쓸 것인가? 좋은 시를 쓰기 위해 어떻게 시작始作할 것인가?'에 대하여 많은 고민을 한다. 이처럼 좋은 시는 어떻게 구상하는 것인가에 대한 질문에 그 확답은 내리지 못하지만 누구든지 그 시인 나름대로 갖고 있는 장점을 살려서 적절한 시적 표출表出을 하는 것에 기인起因한다고 설명할 수 있다.

시는 어떻게 시작하는 것도 중요하지만 어떤 내용을 담아서 어떻게 끝을 맺느냐도 정말 중요한 일이다. 폴 발레리는 '시에서의 첫 행은 신神이나 자연으로부터 시인詩人에게 주어진 것이고 그 나머지는 그가 자기의 힘으로 발견해 내는 것'이라고 말했다. 이는 시에 있어서 시작의 중요함을 일깨워 주는 말이라고 생각한다.

훌륭한 시는 그 첫 행이 영감靈感으로 얻어진다고 한다. 그리고 그 작품이 훌륭한 작품이 되기 위해서는 시인의 각고의 노력과 갈고닦음 없이는 이루어질 수가 없음을 말해주고 있다.

시인은 그 시대 언어의 주인이다. 고로 좌우로 치우치지 말고 시대를 바로보고 보행해야 한다. 또 언제나 때 묻지 아니하고 맑은 목소리로 타이르는 안내자여야 한다. 그러나 물질로 군림하고 사는 사람들이 많은 시대다. 글을 읽기 싫어하는 이런 시류時流에서 시인은 그들에게 문학의 유토피아를 어떻게 이야기하여 접근해 갈 수 있을까? 살아가는 현실의 전쟁 속에 또 하나의 전투사로 존재하면서 더욱 너그러운 시심과 더욱 따사로운 인정人情을 심는 노래가 절실한 것 같다.[1)]

권오규 시인을 처음 알게 된 것은 박석홍 시인 〈전소수박물관관장〉과 김점순 시인으로부터이다. 그는 아주 활달하면서도 자긍심이 강하였다. 항상 긍정적인 마음을 표출하였고 무엇이든지 확실한 자기 자신의 Identity가 충만한 분이라는 걸 알게 되었다.

권오규 시인은『산림환경자원학』을 전공한 박사로서 경북대학 강단에서 크게 인정을 받고 있는 교수였다. 그리고 그는 초등학교 다닐 때부터 문학작품에 대한 깊은 관심을 가지고 메모도 열심히 하면서 작품을 계속 창작하였다고 한다. 처음 작품을 수십 편을 선보였

---

1) 박영교,『文學과 良心의 소리』(도서출판 대일. 1986) p.113

다. 그 중 「미완성 박사학위논문」, 「독도갈매기」, 「가장 아름다운 이름」을 월간 『문학세계』에 추천 발표하여 문단에 등단하게 되었다.

권오규 시인은 작품 활동이 왕성하여 수많은 작품을 선보였다. 그 작품 한 편 한 편이 격언과 같은 언어적 입지가 되었으며 스스로 자신의 작품을 만드는 능력이 훌륭하다고 생각하고 있다. 그의 작품들은 대부분이 짧으면서 독자들의 마음 가운데 격언처럼 꽂히는 능력을 발휘하고 있는 것 같다.

권오규 시인의 작품을 살펴보자.

> 수화기 너머 들려온
> 청천벽력 같은 아버지의 타계 소식
> 내 꿈이 하늘이 무너져 내렸다
>
> 말씀은 없으셨지만 아버지의 꿈은
> 자식 중에 면서기 한 명만이라도
> 나오길 기대하셨다
>
> 아버지의 꿈보다 더 높은 꿈을 향해
> 바다 건너 일본 유학길에 올랐지만
> 연락도 없이 먼 길을 홀로 가셨다
>
> 아버지 관 위에 올려놓은
> 미완성 박사학위 논문

하나뿐인 나의 하늘 나의 꿈은
그렇게 땅속 깊이 영면에 드셨다

비석에 새겨진 함자만 남기시고
눈앞에 일렁이는 그리움이 되셨다
아버지,
가슴으로 불러본다
숨죽여 흐느낀다

—「미완성 박사학위 논문」 전문

작품「미완성 박사학위 논문」은 아버지가 아들의 성공을 눈앞에 두고 타계하셨다. 그렇게 원하시던 꿈을 이루어 드리지 못한 아픔을 토로한 슬픈 영화 같은 작품이다. 그 당시 권오규 시인은 일본 유학의 길에서 박사학위 논문을 받기 직전이었던 것 같다. 아버지의 관 위에 미완성 박사학위 논문을 올려놓고 한없이 울었던 권 시인의 마음속에는 아직도 그 상황狀況이 잔잔히 깔려서 권오규 시인의 마음을 아프게 하고 있다.

빛바랜 스냅사진 같은 성긴 날들이
시간의 오르막길을 걷는다
그리움에 얼마나 젖어야 하는 걸까?

눈물이 아름다울 수만은 없다는 것을
몰래 감추시던 당신의 눈물을 보고서야
깨달았습니다

늘어만 가는 주름살 깊이도
골짜기처럼 타고 내리던 눈물도
당신의 사랑에 비하면 한없이 작습니다

당신이 흘린 눈물과 당신의 주름살을
이제는 당신의 버팀목이 되어 보듬어드리겠습니다

어머니!
이젠 아들 앞에서 우셔도 됩니다
이 세상에 오직 하나
가장 아름다운 당신입니다

—「가장 아름다운 이름」 전문

작품 「가장 아름다운 이름」은 어머니에 대한 아픔과 눈물과 한숨을 볼 수 있었으며 어머니를 사랑하고 존경하고 효도하는 마음이 여실히 드러나는 아주 좋은 작품이다.

누구에게나 가장 아름다운 이름은 '어머니'이다. 그 어머니라는 이름 뒤에는 항상 가슴 뭉클한 눈물을 동반하는 이야기가 있다. 우리들의 어머니는 눈물 없이는 불러볼 수 없는 대명사이다.

'어머니!
이젠 아들 앞에서 우셔도 됩니다
이 세상에 오직 하나
가장 아름다운 당신입니다.'

이 작품 마지막 연에서 권오규 시인은 어머니에 대해서 할 말을 잃게 된다.

아침 해가 뜬다
아내의 밥 짓는 소리는
어머니의 목소리처럼 내 귀를 스친다
"일어나라" 오늘 문득 그 목소리가 그립다

진수성찬 차려놓고 많이 먹어라 반기시는
친구의 어머니 모습에 내 어머니의 모습이 생각난다
"많이 먹어라" 오늘 문득 그 목소리가 그립다

해가 저물어 간다
내 아들놈이 흙투성이 되어 놀고 있는 모습 끝에
귓가를 스치는 어머니 목소리가 들린다
"집으로 오너라" 오늘 문득 그 목소리가 그립다

바람에 실려 목소리는 어느새 가고
흙투성이 꼬마가 아닌 나이 든 내가 서 있다
그 옛날의 어린 시절을 회상하니

내 어머니가 사무치게 그립다

—「어머니 생각」 전문

아내의 밥 짓는 목소리에서 어머니의 목소리를 들을 수 있으며 친구의 어머니 모습에서 내 어머니 모습을 찾아볼 수 있을 뿐만 아니라 목소리마저 함께 느끼게 되는 것은 내 어머니기 너무나 그리워지는 현실상황現實狀況을 언급하지 않을 수 없다.

아들놈이 흙투성이가 되어 들어오는 모습에서 자신의 모습을 보게 되면서 어머니의 말씀이 문득 떠오르게 된다. 시인은 그 옛날 어린 시절을 회상回想하면서 어머니를 사무치게 그리워한다. 헐벗던 시절, 먹는 것도 입는 것도 오직 자식뿐인 어머니를 그리워하지 않을 사람 누가 있겠는가?

오늘도 여느 때처럼
독도는 우리 땅이라고
갈매기는 외치고 있다

울릉도를 향해서

일본을 향해서

세상을 향해서

찾아오는 사람들을 향해서
끼룩끼룩, 우리 땅 우리 땅
갈매기는 목이 터진다

—「독도 갈매기」 전문

작품 「독도갈매기」는 경상북도에 속해 있는 섬 독도를 사랑하는 마음을 갈매기를 통해 감정이입感情移入한 작품이다. 국토사랑에 대한 시인의 마음을 잘 나타내고 있는 훌륭한 작품이다. 권오규 시인은 언제나 자기 자신의 작품에 대해서 빈틈없는 자의식을 마음껏 발휘하면서 독자들로 하여금 긍정적肯定的인 인식을 심어주기에 충분한 창작創作의 매너를 갖고 있다.

사람이 훌륭한 책을 써 만들고
만든 책은 뜻 깊은 사람을 만든다

책은 돈도 만들고
건강도 일궈내고
사랑도 그려 낸다

책은 인간을 만드는 치료약이고
책은 우리의 행복을 만드는 발전소이다

책은 인간의 삶을 안내하고

성공으로 이끌어 가는 멘토이다

—「책은 인생의 멘토」 전문

권오규 시인은 어릴 때부터 책과 함께 살았고 책을 가깝게 하는 생활을 해왔다는 것을 짐작해서 만나볼 수 있겠다. 책 속에는 돈도 들어있고 건강健康도 찾을 수 있으며 삶에 있어 사랑도 그려볼 수 있는 것이다.

책 속에는 인간을 만드는 치료治療약도 있고 행복을 만드는 발전소發電所 역할도 하고 있다는 것이다. 또한 인생의 길을 안내해 주는 역할도 하고 있음을 넌지시 가르쳐주고 있다. 우리 인간들을 성공으로 이끌어 주는 멘토 역할을 한다고 생각하고 있다.

자식들을 위해
당신의 모든 것을 내려놓고
살다 가신 어머니처럼 살다 가세요

언제나 많이 먹었다 하시면서
밥과 맛있는 모든 반찬들
자식 앞에 미뤄주면서
허리띠 졸라매고
살다 가신 어머니처럼 살다 가세요

하나님 혼자서는

세상일을 돌보지 못할 것 같아
이 세상에 어머니를 보냈다는
말과 글을 믿고 어머니처럼 살다 가세요.

—「어머니처럼 살다 가세요」 전문

권오규 시인의 작품을 훑어보면 아버지에 대한 작품보다 어머니에 대한 작품이 더 많이 보인다. 그것은 누구에게나 엄하시고 규례規例를 잘 지키시며 그 집안의 가장이 되시는 아버지보다는 자식들에 대한 살갑고 자상하시며 넘치는 사랑으로 대해주시는 어머니에 대한 사랑이 더 그립고 절실할 것이다.

자식들을 위해 모든 것들을 다 내려놓고 살다 가신 어머니, 어머니는 항상 맛있는 모든 것들을 자식들을 위해 희생犧牲하고 자신을 내어주신 어머니, 하나님께서 자식을 위해 이 세상에 모든 어머니를 내려 보냈다는 것 그런 어머니처럼 희생하면서 살다가겠다는 시인詩人의 말이 시를 넘어서 금언金言으로 들린다.

아버지 기도는 깊은 침묵이다

아버지는 자식들이 들을까 봐
뒤 처마 끝에 홀로 서서
소리 없는 눈물의 기도이다

어머니는 자식들이 건강하게
잘 자라주기만을 애원하는
곡조 높은 목소리가 들리는 기도

어머니는 여느 때와 같이
오늘도 장독대 위에
정한수 올려놓고 흐느끼며
기도하는 소리 귓가에 들린다.

—「아버지와 어머니의 기도」 전문

기도를 해도 아버지의 기도와 어머니의 기도가 다르듯이 자식들에게는 다르게 들린다고 하겠다. 왜냐하면 아버지는 그 집안의 가장家長으로서 함부로 내놓고 소리 높이지 않으며 아버지 자신을 엄숙嚴肅하게, 남에게 보이지 않으려는 근본적이 Identity을 가지고 있는 반면 어머니는 여성으로서 자식에 대한 여러 가지 사정이 피부로 와 닿기에 그 마음을 드러낼 수밖에 없기 때문이다. 누가 보든 안보든 상관없이 자식에 대한 일이라면 물불을 가리지 않는 어머니 어디 기도祈禱뿐이겠는가?

오늘 남북한 휴전선 위를 나는 새들은
남과 북에 사는 사회지도층을 향해
울부짖고 있다

땅을 지키는 것도 중요하지만
마음을 지키는 것이 더 중요하다고

오늘도 인간들이 만들어 놓은 휴전선
남과 북을 서로 넘나들지 못하고
우리들이 묻어놓은 지뢰를 밟고
하루에도 수십 마리 야생동물까지 죽어간다

남과 북을 나는 새들은
울부짖고 있다
외치고 있다

—「휴전선을 나는 새들아」 전문

작품 「휴전선을 나는 새들아」는 시인이 생각하는 상징적象徵的인 선이라고 생각한다. 오늘 남북한의 경계선은 다르다. 인간들이 만들어 놓은 이 휴전선休戰線을 통해 정치적政治的으로나 사회적社會的으로 많은 아픔과 고민들이 쏟아져 왔음을 알아야한다는 시인의 정신精神이 깃들어 있다. 그리고 남북을 넘나드는 동물들도 울부짖고 있음을 사람들에게 알리고 있는 작품이다.

산해山海 시인은
오늘도 세상을 살아가면서

한 번 입을 뗄 때는
세 번 생각하고

한 번 행동할 때도
세 번 이상 생각하고

본인과의 화합과
가족 간의 화합
사람들과의 인화人和에도 필요하다

더 큰 소리로
권력과 재물과 성욕性欲
이 3욕을 조심하라고
산해山海 시인은 노래한다

—「시인詩人의 노래 · 2」 전문

작품 「시인詩人의 노래 · 2」에는 권오규 시인이 살아오면서 부모님께서 가정교육家庭敎育으로 시인에게 남긴 말씀을 토대土臺로 세상을 살아가는 이치理致와 가족과의 살아가는 방법, 그리고 세상을 살아가는 중요한 법들을 시인의 노래로 표출하고 있다.

시인이 세상을 살아갈 때는 타인他人에게 대할 때 함부로 말하지 아니하고 한 번 말을 할 때는 세 번을 생각하고 말할 것이며 한 번 행동으로 옮길 때는 세 번을 생각하고 행동行動으로 옮기라는 가정교육의 철저한 말씀으로 시인은 지금도 그렇게 살아가고 있음을 작품화作品化하고 있다. 가족과 타인과의 관계에도 화합和合과 인화人和를 필요로 하고 있음을 언급하고 있다.

효행대상을 받고 보니
너무 부끄러웠다
더욱 더 미안했다

효행대상을 받은 가수 현숙은
국토의 동서남북을 구분 없이
효는 몸소 실행하는 것이라고 외친다

효행대상을 받은 기상캐스터 이익선은
우리하늘의 구름 위는 언제나 맑다고 전하며
효의 전도사로 역할을 다 하고 있다

효행대상을 받은 가수 현숙
기상캐스터 이익선
대학교수인 권오규는
오늘도 효는 가르치는 것이 아니고
몸소 행하는 것이라고
효행의 빛바랜 곳을 찾아다니며 외친다.

—「효행상의 힘」 전문

이 작품 「효행상의 힘」은 대단한 상이었다. 2001년도 대한민국 효행상(효자상)으로 세종문화회관에서 수상했다. 권오규 시인은 이외 2010년 삼성그룹에서 수여하는 《삼성효행 특별상》을 삼성호암아트홀에서 받았고, 2013년에는 《대한민국 산림환경대상》을 산림청이 있는 대전 유성호텔에서 시상식을 가졌다. 또 2016년에 수상한 《대한민국 참봉사대상》은 국회헌정회관 대강당에서 시상식을 하였다.

권오규 시인은 작품 「효행상의 힘」 마지막 연에서 '효孝는 가르치는 것이 아니고 몸소 행行하는 것'이라고 말하고 있다.

성공의 시작은 매일 쓰고 기록하는
일기와 메모의 힘이다

메모를 좋아하셨던 아버지 덕분에
초등 5학년 때부터 일기와 메모를 시작했다

—「성공의 조각」 앞부분

외롭지 않고
힘들지 않고
마음이 편안한 것은
사랑의 힘이래요

—「사랑의 노래」 중반부

묵상에서 깨어나면 한참 동안
얼마나 깊은 기도를 하였는지
앉을 힘조차 없었고
걸을 힘도 없었다

—「묵상默想」 중반부

위의 이 세 작품은 시의 제목 속에서 특징적인 정체성(Identity)을 지니고 있다. 시인은 자신의 생활 속에서 무엇이 가장 중요하고 자신과의 삶에 있어서 필요한 존재인가를 잘 나타내 주고 있다.

작품 「성공의 조각」에서는 메모를 좋아하시는 아버지가 근원根源이다. 그 아버지를 통해서 메모를 배웠고 그 분을 통해서 꿈꾸는 소년으로부터 교수敎授가 되기까지 아버지의 힘이었다고 생각한다.

두 번째 작품 「사랑의 노래」에서는 사랑을 통해서 혼자 있어도 외롭지 않고, 힘든 일을 해도 힘들지 않고, 잠이 오지 않아도 마음이 평안한 이유는 오직 사랑의 힘이라는 걸 시인은 느끼고 있는 중이다.

마지막 작품 「묵상默想」에서는 우리가 옛날부터 내려오는 말 가운데는 '삼대三代 거지가 없고 삼대 부자富者가 없다'고 하는 말을 들었을 것이다. 시인은 부모님의 가난한 소작인을 벗어나기 위해서 아버지는 면서기面書記라도 다음 대에는 나오기를 기대하고 살았는데 살아계실 동안 시인은 박사가 되어서 아버님께 효도하려고 생각했는데 돌아가신 후 미완성의 박사학위博士學位 논문이라도 관 위에 놓아줌으로써 아버지의 소원을 풀어준 것에 대해 그래도 아쉬움을 남기고 있다. 권오규 시인의 기도는 하나님과의 교감交感을 주고받는 깊은 기도를 함으로써 영감靈感을 얻는 것으로 보인다.

삶은 하늘이 준 것이고
행복은 삶 속에서
내가 만들고
내가 나와 함께 만들어가는 것이다

천국도
지옥도
삶 속에서 인간이 만들고
내가 나와 함께 만들어가는 것이다

성경말씀에서도
천국은
너의 마음속에 있다고 한다

—「합의合議」 전문

이 작품에서 권오규 시인은 우리가 살아가는 것은 하나님께서 인간에게 내려준 것이고, 내 자신의 행복은 내 자신이 스스로 만들어 가는 것이라고 했다. 천국

天國도 지옥地獄도 내가 내 자신과의 만남에서 이루어진다고 했지만 우리의 일상과 우주를 운행運行하는 것은 하나님인 것을 시인도 알고 있지 않겠는가? 누가복음 17장 21절에는 '하나님의 나라는 너희 안에 있느니라.'고 말씀하고 있다.

어머니는 꽃이 좋아 꽃을 심는다

젊디젊은 자식들도
싫어하는 비탈진 논둑과 밭둑에
한 줌밖에 안 되는
허리띠를 졸라매고 꽃을 심는다

다른 할 일도 많이 있는데도
자식들에게 보여주기 위해
굽은 허리 굽혀 꽃을 심는다

어머니는
아름다운 꽃이 피는 모습을 상상하며
힘든 기색 하나 없이 꽃을 심는다

—「꽃을 심는 어머니」 전문

권오규 시인의 작품 속에는 어머니에 대한 가슴 아픈 마음을 담은 작품들이 표출되고 있다. 그것은 어머니에 대한 마음 깊은 정이 객지생활客地生活로 인하여 부모님을 잘 보필輔弼하지 못한 자의식에서 솟아나오는 것이라고 생각된다.

어머니는 꽃을 좋아했고 자식들이 오면 보여주고 싶은 마음도 있겠지만 어머니의 천성이 곱고 아름다움에서 나오는 생활이라고 생각된다. 권오규 시인의 작품 중에는 여동생에 대한 작품이 단 한 번 나오는데 그 작품도 형제의 우애 등을 잘 표현하고 있음을 볼 수 있다.

숲은 오늘도
사람을 기다리고 있다

사람과 사람 사이
서로가 알게 모르게 구분을 하지만
숲은 구분하지 않고 사람을 맞는다

숲을 찾고
꽃과 풀을 좋아하는 사람들
마음도 몸도 건강하며
즐겁게 행복하게 살아간다

숲은 사람을 항상 예의 바르게
그 자리에서 기다리게 하고 있다

—「사람을 기다리는 숲」 전문

숲은 사랑하는 마음을 가득하게 가진 권오규 시인의 마음은 그 자체가 매우 순수하고 사람을 사랑하는 마음이 많다. 특히 가난한 제자들을 도와주는 일들이 많다는 이야기를 들었을 때 그의 천성天性이 하나님을 사랑하고 자연을 좋아하는 마음 그 자체가 아닌가 싶다.

숲은 우리들의 속마음까지 힐링되는 곳이며 육체적 정신적 건강까지도 치유되는 곳이기도 하다.

사람과 사람 사이에는 오해가 있고 믿음이 깨어질 때가 있다. 우리가 숲을 사랑하면 그들은 사람을 배반하지 않고 우리 인간들을 건강하게 치유治癒해 준다는 생각을 가지게 된다.

우리 모두는
독서가 필요한 시대에 살고 있다

한 권의 책 속에는
사람의 삶이 있고 길이 있다

독서가
우리의 삶을 풍요롭게 만들고

독서가
우리의 온갖 체험과 깨달음을 준다

—「독서讀書」 전문

어른들이 세상을 살아가면서
실수를 더 많이 한다

세상이
젊은이들보다 더 많이 보이니까
젊은이들보다는 욕심이 더 많으니까

젊은이들이여
아무 일도 일어나지 않았다는 것에
머물러 있지 말고

젊은이들이여
실수를 두려워하지 말고
도전을 두려워하지 말고
절대로 포기는 하지 말라

—「실수를 두려워 말라」 전문

앞의 「독서讀書」와 「실수를 두려워 말라」는 두 작품은 우리 젊은이들에게 좋은 교훈教訓이 되면서 귀한 작품이기 때문에 함께 묶어서 언급하고자 한다.

권오규 시인은 많은 독서를 통해 지금 위치에 서 있으며 일본 동경농공대학원에서 박사학위를 받고 또 일본 동경대학東京大學 농학공동연구원까지 활동했다. 많은 도전과 실패를 경험했을 것이고 젊은 학생들의 마음을 누구보다 더 잘 알고 있는 교수님일 것이다.

요즘 젊은이들은 독서하기를 싫어하고 쉽게 돈을 벌어서 쉽게 살려고 하는 젊은이들이 많다는 것도 권오규 시인은 잘 알고 있다. 어렵게 살지 아니하고 쉽게 돈 벌어서 쉽게 살아가기를 원하고 있을지 모른다. 그런 젊은 학생들에게 이 두 작품은 충고忠告를 해 주는 것이다.

감사한 마음은
불행을 막는 길이요

고마운 마음은
행복을 만드는 길이요

사랑하는 마음은
아름다운 세상을 만드는 길이다

—「3심心」 전문

권오규 시인의 「3심心」 이라는 이 작품 속에는 그저 그런 작품이 아니고 모두冒頭에서 언급했던 격언格言과 같다. 젊은이들에게 항상 있어야하는 마음 즉 타인에게 항상 감사하는 마음을 가져야하고, 고마워하는 마음을 가져야하고, 모든 이들을 사랑하는 마음을 가져야 한다는 격언과 같은 작품이다.

지난날 외할머니 자장가는
칠십 세가 훌쩍 넘은 나이에도
노래되어 생생하게 들려온다

많이 먹어라
부지런해라
훌륭한 사람이 되어라

그 목소리는
60년이 지난 오늘날까지도
내 마음속 깊숙이 뿌리 내려있다

—「외할머니의 자장가」 전문

기종 친구는
초등학교 때부터 우수한 학업성적을
중학교 고등학교 졸업할 때까지 지켰다
우수한 성적은 힘든 공장 생활을 시작으로 하여
70세가 훌쩍 넘은 나이까지 지키며 살고 있다

지금까지 온갖 칭송을 받으며
살아가고 있는 친구 홍규 기종이가 보고 싶어
시간 관계없이 연락을 하고 있는
지금의 나는 행복하다

언제나 좋은 말과 용기를 주는
나의 친구 홍규와 기종이가 있어
나는 오늘도 웃음을 날린다

—「홍규와 기종」 하반부

작품「외할머니의 자장가」와「홍규와 기종」은 권오규 시인의 어린 시절에서부터 지금까지 살아오면서 영향을 주는 작품들이다.

필자筆者도 외손자들을 키우고 있지만 외할머니와 외할아버지의 영향影響을 크게 받고 있다는 것을 지금 필자 자신도 그렇게 느끼고 있다. 그리고 어릴 때의 친구 학창시절學窓時節의 친구는 너무나 중요하다. 옛말에 '그 사람을 알아보려면 그 사람의 친구를 보면 알 것이다.'라는 말이 생각난다. 권오규 시인은 참 좋은 친구와 훌륭하신 외할머니를 만나서 자신이 훌륭한 인재가 되었음을 자부해도 좋겠다.

국민 다수가
나라를 잘 운영하라고
표를 준 것을 왜 모르고 있는가

집권하고 있는 여당
대안 없이 칼을 빼서 싸우는
여당과 야당 모두

국민들은 생각부터 바르게 하라 외친다

다시 한 번 애원한다
바른 생각과 바른 행동을 하라고
국민 모두는 원한다

—「칼집 속에 있는 칼이 더 무섭다」 전문

이 시집 속에 권오규 시인이 쓴 정치적政治的인 시가 몇 편 실려 있다. 그 중에 이 작품이 제목부터가 무서운 언어임을 국회의원들이나 집권 여당, 일 못하도록 발목 잡는 야당, 국회 의석수가 많다고 사사건건이 물고 늘어지는 그들의 모습은 국민들이 너무나 가슴 아파한다.

야당의 당수도 잘못이 있으면 떳떳이 밝히고 당당하게 자리를 지킬 줄 아는 정치인이 되어야 하겠다. '칼집 속에 있는 칼이 더 무섭다.'는 말, 얼마나 무서운 말인가? 잘 사는 우리나라를 몇 십 년 후퇴 시켜놓고도 뻔뻔스럽게 행동하는 그들은 누구인가? 한심한 국회의원國會議員들을 우리 국민들은 유심히 보고 있는 것이다.

톨스토이의 3가지 질문과 대답

가장 중요한 시간은

현재 이 시간이요

가장 중요한 날은
오늘이요

가장 중요한 사람은
현재 사귀고 있는 사람이다

모든 사람이 받아들이며
고개를 끄덕이듯이
나 또한 조금도 망설임 없이
톨스토이의 3가지 문답에 박수를 보낸다

—「톨스토이의 문답」 전문

권오규 시인은 책을 많이 섭렵涉獵한 시인이다. 한 가지 이야기를 하기 위해서는 많은 책들을 보고 그 속에서 끄집어내야 좋은 언어의 구절이 이뤄진다고 생각한다.

이제 그런 시대는 지났다. 궁금한 것 있으면 인터넷에서 찾아보면 내 자신이 몰랐던 모든 것들을 알려주고 있다.

작품 「톨스토이의 문답」은 권오규 시인 시집 속 88편 중 마지막 작품이다. 그의 시집 원고 전편全篇을 읽고 해설을 쓰면서 많은 것을 새롭게 느낀다.

이상 권오규 박사의 작품을 읽으면서 다음 세대들이 어떻게 변모해가면서 새 우주를 만들어가며 지구를 돌릴 것인가를 생각해본다.

세월이 흐른 뒤 우리 세대들은 후손들에게 무엇을 어떻게 나누어 줄 수 있을까? 열심히 하려고 노력하는 그 사람은 모든 부를 가진 이보다 그리고 큰 힘을 가진 사람보다 더 많은 일을 할 수 있다고 한다. 우리는 후대인들에게 노력하는 길을 가는 안내자가 되기에 충분할 것으로 믿는다.

권오규 시인은 한 알의 밀알이 썩어서 많은 열매를 맺듯이 노력하는 모습을 보이고자 하는 강렬한 의지를 지니고 있음을 알 수 있다. 마음 놓고 건강하게 살아갈 수 있는 이 땅 위에서 마음에 느껴지는 진실한 노래를 부를 수 있다는 것은 우리 최대의 행복이며 즐거움이다. 이것이 곧 시심이 솟구치는 원동력이 되는 것이다. 우리나라 우리사회를 긍정적으로 바라보고 있는 것이 그의 시심의 원동력이고 행복의 근본이 됨을 생각해본다.

시인은 빛을 스스로 만들어내며 살다가, 죽어서는 광채를 발하는 별과 같은 존재이기 때문에 이름을 남기는 시인은 항상 절차탁마切磋琢磨하는 자세로 세상을 살아나가는 것이다.

세상이 어지러울 때 깨끗한 정신력을 발휘하여 시대를 평정해 나가는 동시에 질서와 자리를 정리 정돈할 수 있는 힘을 표출하고, 자생할 수 있는 능력을 만들어나가는 지혜와 청렴, 정체성(Identity)을 펼칠 수 있는 인재 또한 시인이며 문인들이다.

첫 시집을 출간하는 권오규 시인의 문운이 왕성하여 앞으로 더욱 빛나는 작품을 발표할 수 있기를 기원祈願하는 바이다. ■

서정시의 발원지發源地를 조각하는 인생예찬人生禮讚의 언어 연금술사

김천우(시인 · 문학평론가 · (사)세계문인협회 이사장)

산해 권오규 시인의 시집 『시의 향기와 노래』는 삶 속의 보석 같은 진솔하고 담백한 시적화자의 문향이 작품마다 팔색조의 빛으로 물들고 있다. 권오규 시인의 인생여정 그 자체가 오염되고 혼탁한 현 시대를 클린해주고 정화작용(catharsis)을 하는 중요한 구심점 역할을 하고 있다.

시는 그 사람의 자화상이요 영혼의 집이라 일컫는 만큼 시인의 파란만장한 역사의 한 페이지는 대하소설의 주인공을 연상하듯 담대하고 거룩하다는 것을 인지한다. 60여 년의 발자취 속에 곰삭여 둔 시의 보물창고에서 희비애락喜悲哀樂의 현장을 고스란히 숙성시킨 88편의 주옥같은 시세계는 그 누구도 범접할 수 없는 언어의 향연이자 산해진미를 신록의 계절 오월을 맞이하여 세상 밖으로 선보이는 시인의 행보에 가슴 한켠이 뭉클해 옴은 무엇일까?

한 편 한 편, 누에실을 풀어가듯 서로 다른 시 노래는 세상 사람들에게 행복 바이러스와 동시에 공경심과 함께 위대한 사명정신의 선각자임을 다시 한 번 일깨워주는, 시인의 멈추지 않는 열정과 패기는 지상에서 가장 아름다운 파라다이스(paradise) 요람의 성지가 아닌가 싶다. 사람의 힘으로 안 되는 일이 없다는 사실을 여실히 증명해주는 시인의 성공 뒤에는 가족의 따뜻한 사랑과 내조의 공이 더욱더 빛과 소금의 역할이 아닌가 생각된다.

경북대학교 교수직 정년퇴임 후 상주 숲속힐링치유센터 도서관을 인생2막의 역사를 재창조하신 산해 권오규 시인의 행보는 대한민국의 자랑스러운 국민시인으로 경북 상주시를 빛내고 또한 덕장 명장의 인품을 겸비한 무공해 훌륭한 시인, 산해 시인의 무궁무진한 필력에 뜨거운 응원과 박수를 보내고 싶다. 물질 만능 시대이지만 명예와 학문의 넓고 깊은 세계와 인본사상은 돈으로 살 수가 없다는 것을 여실히 증명해주는 시집 상재는 만인들에게 귀감을 전해주고도 남을 것이다.

행복한 마음의 연금술은 그들이 찾아내는 모든 것을 즐거움으로 변화시킨다(By happy alchemy of mind they turn to pleasure all they find.)는 시적화자의 가객歌客이 되어 찐 팬들의 열광과 빛나는 사랑 속에 출간하는 시집이 만천하에 널리 펼쳐지기를 기원하면서 남은 여생 시와 더불어 숲속힐링치유센터가 독자들의 행복충전소가 되기를 희망하는 바이다.

문학세계대표작가선 989

산해山海 시인의 시의 향기와 노래

권오규 시집

인쇄 1판 1쇄 2023년 4월 24일
발행 1판 1쇄 2023년 5월 1일

지 은 이 : 권오규
펴 낸 이 : 김천우
펴 낸 곳 : 도서출판 천우
등 록 : 1992. 2. 15. 제1-1307호
주 소 : 서울시 성동구 무학봉28길 6 금용빌딩 2F
전 화 : 02)2298-7661
팩 스 : 02)2298-7665
http://blog.naver.com/cw7661
E-mail : cw7661@naver.com

값 15,000원

ISBN 978-89-7954-898-3